ÉLOGE

DE E. FOLLIN

Paris. — Imprimerie de E. MARTINET, rue Mignon, 2.

ÉLOGE

DE E. FOLLIN

PRONONCÉ

A LA SOCIÉTÉ DE CHIRURGIE

(SÉANCE ANNUELLE DE 1868)

PAR

AR. VERNEUIL

SECRÉTAIRE GÉNÉRAL

PARIS

VICTOR MASSON ET FILS

PLACE DE L'ÉCOLE-DE-MÉDECINE

1868

ÉLOGE

DE E. FOLLIN

Messieurs, la solennité qui nous rassemble est une fête de famille. Nous y convions nos anciens amis, nous proclamons nos collègues nouveaux, nous résumons, pour le public et pour nous-mêmes, le travail de l'année; puis, après une séparation de quelques instants, nous nous trouvons encore réunis dans un banquet où règne cette cordialité sincère qu'engendrent l'estime et l'affection.

Le plaisir serait sans mélange si le programme ne renfermait trop souvent une part de deuil, et si, comme l'esclave du repas antique, l'un de nous n'était chargé de montrer ici même une place vide, à la table un siége inoccupé.

Si récente que soit notre fondation, si restreint que soit notre nombre, et bien que, pour la plupart, nous entrions ici pleins de jeunesse, le trépas nous a si cruellement frappés que nous ne suffisons pas à ensevelir nos morts ou, du moins, à leur donner la sépulture morale — l'éloge académique — qui marque leur place dans le répertoire de l'intelligence humaine.

Malgaigne n'a fait parmi nous qu'une apparition bien courte il est vrai, mais il fut si grand, mais il a joué un tel rôle dans notre chirurgie contemporaine, que le moindre côté de son génie multiple et encore incomplétement connu suffirait amplement à une dissertation qu'un jour ou l'autre il faudra bien écrire.

Deux membres fondateurs de la Société, chirurgiens consommés, célèbres dans les fastes de l'enseignement libre, que les plus jeunes d'entre nous ont eus pour maîtres, les plus âgés pour émules et amis, dont nous avons maintes fois écouté la parole avec recueillement et profit, Michon et Robert, n'ont point encore eu d'éloge officiel.

Velpeau, cet étonnant vieillard, qui, un demi-siècle durant, a écrit, professé, discuté et agi, sans repos et pourtant sans lassitude apparente, peut-il attendre longtemps le témoignage de notre respectueuse admiration ?

Livrerons-nous à un injuste oubli le nom de Debout, qui, sans chaire, sans hôpital et sans autre tribune qu'un journal estimé, a cependant enrichi notre œuvre de documents patiemment et savamment recueillis ? Devons-nous laisser refroidir la cendre de Follin et de Foucher, aimés ici comme des frères, rameaux coupés en pleine sève, au milieu d'une carrière déjà pleine de résultats acquis et plus riche encore d'espérances assurées ? de Laborie, enfin, le dernier tombé, foudroyé en quelques jours, au moment où il apportait à nos travaux le complément le plus utile?

Hélas! vous le voyez, celui qui devait entonner aujourd'hui l'hymne funèbre avait le triste embarras du choix. Votre ordre du jour funéraire est si chargé que, pour plusieurs années encore, il nous faudra, à semblable anniversaire, porter le crêpe à notre bras et le deuil sur notre front. Puisse, du moins, la liste ne plus grossir et quelque trêve nous être accordée!

Contraint d'opter entre tous ces morts regrettés, plusieurs motifs m'ont conduit à vous parler de Follin. Dans une autre enceinte, à coup sûr, on célébrera Michon, Velpeau et Malgaigne; ailleurs, on a déjà payé tribut à ce dernier. La vie de Robert a été jadis esquissée. Debout, Foucher et Laborie peuvent attendre!

Follin n'a siégé qu'un jour à l'Académie de médecine; il a mis le pied sur les degrés de la chaire professorale sans pouvoir les gravir; quelques mois de vie lui ayant manqué, son nom ne retentira ni dans le grand amphithéâtre de l'École de médecine, ni sous les voûtes du Sénat médical. Nous avons été assez heureux, au contraire, pour le posséder longtemps, pour voir grandir sa renommée, pour apprécier son talent et son caractère; à nous donc le devoir et l'honneur de donner à son nom les lettres de créance pour le royaume de l'immortalité. Pour moi, d'ailleurs, l'occasion est unique; vos votes bienveillants me font quitter le secrétariat et transmettent à un esprit délicat la mission de parler des morts. Le progrès que je fais dans votre hiérarchie me rend fier, mais il ne me consolerait point de laisser à un autre le soin de décerner la louange à celui qui, dans le milieu médical, fut mon plus ancien, mon plus fidèle, mon plus sincère ami.

Il est, d'ailleurs, une chose que seul je puis dire, car, par bienveillance ou dans la crainte de manquer aux convenances, mon successeur la pourrait taire : la position brillante et enviée que j'occupe depuis quelques jours appartenait, sans conteste, à Follin. Si je n'en suis pas indigne, plus encore que moi il la méritait. J'ignore si j'ai usurpé mon titre, mais je déclare hautement, et à ma grande douleur, ne le devoir qu'à une catastrophe prématurée. J'aurais voulu tenir de tout autre ce précieux héritage ; j'aurais, de grand cœur, attendu plus longtemps mes nouveaux insignes, et je les déposerais joyeusement aujourd'hui pour revoir à mon côté celui qui, avant moi, les avait si vaillamment conquis.

Et quel autre pourrait mieux vous dire ce qu'était Follin ? Le 1er janvier 1846, nous nous vîmes pour la première fois ; nous ne nous sommes depuis presque jamais quittés. Notre liaison, vite et facilement conclue comme c'est l'ordinaire à la vingtième année, loin de s'affaiblir avec le temps, est devenue chaque jour plus étroite. Pensées intimes, projets d'avenir, tendances sociales et scientifiques, j'ai tout connu, car nous n'avions pas de secrets l'un pour l'autre. Si donc le talent, l'inspiration, la verve, me font défaut, si je ne laisse point de mon vieil ami un splendide portrait, au moins suis-je assuré de tracer l'histoire fidèle de sa vie, l'écrivant avec vingt années de souvenirs ineffaçables. Nous sommes à une époque où, comme tant d'autres choses, le but et l'esprit des éloges académiques doivent changer et changent en effet. Il ne s'agit plus, comme autrefois, de composer des morceaux littéraires à forme solennelle, où, à propos d'un homme, on faisait le tableau d'une époque, l'histoire d'une découverte ou l'analyse d'un sentiment, et nous ne devons plus, comme Vicq d'Azyr, insérer dans chaque discours un chapitre de psychologie humaine.

Quittant la sphère des abstractions morales, il faut modestement nous contraindre à prendre des observations anthropologiques, et, dans le récit véridique de la vie d'un des nôtres, exposer, avec la série de ses actes et de ses œuvres (qui, en réalité, ne sont que des symptômes), l'étiologie et le mécanisme de ces œuvres et de ces actes. Ainsi arriverons-nous à la connaissance des lois générales qui président à la formation des grands hommes et à l'évolution des hautes destinées.

Entrevue depuis bien longtemps, mais rarement appliquée, cette théorie des éloges académiques n'a point encore prévalu. Prendre l'observation d'un maître illustre comme s'il s'agissait de décrire un végétal ou un vertébré, un typhus ou un cancer, paraît, tout d'abord, un procédé exorbitant et sacrilége, un attentat à l'auguste dignité du génie, et, cependant, c'est la vraie marche à suivre, la seule efficace, la seule féconde, parce que l'homme, en tant qu'être organisé, ne saurait être fructueusement étudié que par les voies et moyens de la méthode naturelle.

Mais, pour décrire exactement, il faut avoir vu et observé

soi-même, avoir vécu dans le même milieu, traversé les mêmes courants, en un mot être contemporain. Un homme jeune comprendra difficilement un vieillard, et, sans doute, le jugera mal; la réciproque est plus probable encore. Il semble encore bon que le narrateur ait été l'ami du défunt, car si un indifférent ou un adversaire honnête peuvent apprécier loyalement ses manifestations extérieures, jamais ils n'auront été assez initiés à sa vie pour deviner les moteurs qui l'ont dirigée. Entre l'homme tel qu'il est et tel qu'il paraît, la différence est parfois énorme; certaines existences sont des énigmes et offrent les plus bizarres contradictions. Celui-là seul peut expliquer le problème qui possède toutes les données, comme le mathématicien a besoin de connaître toutes les forces pour calculer la résultante.

Il est à craindre, sans doute, qu'obéissant à son cœur, l'ami ne dissimule les défauts, n'exagère les mérites et ne devienne, volontairement ou non, apologiste quand même. Mais l'orateur qui jugera le mort sans l'avoir connu et sans l'avoir aimé a-t-il donc plus de chances d'être impartial? sera-t-il mieux à l'abri de l'erreur?

Laissons donc parler le contemporain et l'ami. Imposons-lui seulement le respect de la théorie nouvelle; exigeons qu'il prenne pour guide suprême la vérité et ses rigueurs. Rappelons-lui que l'histoire est aussi inviolable que la science, et que si la réprobation frappe quiconque frelate les faits scientifiques, elle atteint non moins justement l'infidèle historien.

Connaissant ces devoirs, adoptant sans réserve ces principes,

j'esquisse sans embarras une biographie facile, car il suffit de
raconter une vie qui, sans cesser d'être brillante, a toujours
été simple et honnête, calme et sereine, jusqu'au jour néfaste
où le destin l'a tranchée.

Je commence mon récit à l'époque où j'ai connu Follin.
C'était, je l'ai dit, au premier jour de l'année 1846. Il arrivait
à l'hôpital Saint-Antoine, interne de première année. Ses autres collègues, Charles Bernard, Davasse, Morvan, le rigide Bre-
ton, étaient de seconde ; moi-même de troisième. Nous étions
donc tous ses anciens, et vous savez que dans les rangs de l'internat cette minime distance a quelque valeur. Cependant,
sans secousses et à notre insu, les rôles changèrent. Au bout de
quelques semaines, Follin était devenu le chef, le mentor de notre
petite salle de garde. Nous l'aimions et nous l'écoutions ; nous
acceptions de plein gré une domination qu'il ne songeait point
à nous imposer ; mais nous le proclamions librement notre su-
périeur, car son succès futur ne nous paraissait pas douteux.
C'est qu'en effet, à un âge où souvent on est bien frivole encore, il avait cette maturité précoce, cette sagesse, cette fer-
meté, ce jugement sûr, qui ont depuis caractérisé si nettement
sa vie, c'est qu'il avait déjà une direction bien arrêtée, un programme complet ; c'est qu'alors que nous cherchions encore
notre voie, il était entré de plain-pied dans la sienne et y mar-
chait sans hésitation.

Il avait vingt-deux ans ; les sujets distingués arrivent à l'internat parfois une ou deux années plus tôt ; mais Follin ne
s'était pas hâté, il avait pris sa première inscription en no-

vembre 1842, puis il avait fréquenté les hôpitaux et les salles de dissections ; en 1844, se sentant prêt, il avait gagné la place d'externe, au bout d'un an celle d'interne, économisant ainsi le temps que dépensent les concours frustes. Même lenteur calculée pendant le reste de sa vie, car il n'ambitionnait nullement le titre de prodige et connaissait à fond le secret d'éviter le déchet des forces.

Préparer de longue main et savoir attendre, fut la devise qu'il adopta dès son début.

Il faut convenir qu'il entrait dans l'arène avec les qualités les plus rares. Dans ces charmantes fictions qui font la joie de notre enfance, on nous dépeint un berceau entouré de génies bienfaisants ; chacun d'eux apporte au nouveau-né un présent, une force ou une vertu. Plus tard, nous ne croyons pas plus à l'intervention des bonnes fées qu'à l'influence des bonnes étoiles, mais nous reconnaissons sans peine que certains êtres privilégiés possèdent en naissant les aptitudes congénitales les plus heureuses et les gages les plus certains d'un avenir fortuné.

Né à Harfleur le 25 novembre 1823, Eugène Follin était de cette race normande qui, sans doute, pousse trop loin parfois le culte de l'intérêt personnel, mais à laquelle on ne saurait refuser la puissance, la ténacité, l'activité, la prudence et surtout une intelligence parfaite de la tactique sociale.

Follin possédait ces attributs dans les limites où ils sont désirables et sans l'exagération qui en fait de tristes défauts.

Appartenant à une famille distinguée, il n'avait eu nul effort à faire pour atteindre l'orbite où il devait graviter dans la suite.

Fils unique, espoir du nom, il avait été sans cesse l'objet des soins les plus tendres et de la sollicitude la plus attentive.

Son père était mort de bonne heure ; mais il avait gardé sa mère, femme remarquable, qui, non contente de lui avoir transmis par hérédité ses propres vertus, prit à tâche de lui donner la seconde vie, c'est-à-dire une mâle éducation, sans faiblesse, sans préjugés, sans croyances puériles avec le culte sacré de l'indépendance et de l'honneur. Les premiers succès de son fils furent la récompense de son abnégation ; fière de l'homme qu'elle avait formé, elle a quitté la terre, il y a quelques années à peine, assez tôt pour ne point pleurer la mort de son noble enfant.

Une honnête aisance permit de ne rien épargner pour l'instruction de Follin, qui, à aucune époque, ne connut la gêne et les privations. Certes, l'histoire compte par centaines les hommes parvenus aux sommets en dépit de la misère ; mais combien d'autres, non moins vaillants, sont obscurément tombés sous les coups de cette mitraille ! Certes, l'opulence est mauvaise pour les jeunes gens qu'elle détourne du travail et qu'elle entraîne à de fâcheux écarts ; mais, en revanche, quelle liberté d'allures et d'esprit pour celui qui ne redoute ni le froid de l'hiver, ni les soucis du jour, ni les préoccupations matérielles du lendemain !

Les qualités physiques ne faisaient point défaut à Follin ; il était de haute taille, athlétiquement bâti, robuste et peu sensible à la fatigue ; le corps un peu pesant peut-être, mais non sans majesté. D'ailleurs, un ample crâne avec un large front, et puis un grand œil bleu, doux et tranquille, qui regardait en face et s'animait parfois d'un éclat singulier. De plus, sobre et d'une conduite régulière ; aucune passion brutale ne le tyrannisait ; pourtant, bon compagnon, aimant le rire et la gaieté, et dans nos folles réunions de jeunesse payant joyeusement son écot.

Nous étions émerveillés, surtout, de son étonnante capacité pour le travail. Sa lampe brûlait avant le jour et s'éteignait tard dans la nuit ; jamais on ne le trouvait inactif.

Plus d'un nouvel interne, heureux d'un premier succès et fatigué par le concours, pense tout d'abord à se réjouir et à se refaire ; pour quelques-uns même le repos dure un peu trop longtemps. Follin ne s'arrêta pas pour si peu ; trois jours après son installation à l'hôpital, il reprenait ses livres et le chemin de l'École pratique ; c'est qu'il visait déjà plus haut. Dès le mois d'avril il prenait part au concours d'aide d'anatomie, l'un des plus malaisés mais des plus décisifs de la carrière chirurgicale. Il serait arrivé d'emblée, s'il n'avait eu pour compétiteur Paul Broca, le plus rude des concurrents.

La défaite était honorable ; elle marqua la place de Follin, qui fut aisément nommé l'année suivante.

Bientôt après, il remportait la médaille des internes de première et de seconde année, puis entrait à la Société anatomique avec son premier essai dans la littérature médicale.

Il y racontait l'histoire d'un *anévrysme de la crosse de l'aorte avec oblitération des troncs aboutissant à la veine cave supérieure et*

d'une partie de cette veine (Bull. de la Soc. anat., t. XXII, p. 365).
L'observation était bien prise et suivie de commentaires intéressants sur l'oblitération de ce gros vaisseau, de laquelle
on ne connaissait alors qu'un petit nombre d'exemples.

Ce travail valut à son auteur l'honneur d'être aussitôt
nommé membre du comité de publication.

C'est encore en 1847 que Follin vous fit sa première communication. Il est tout à fait exceptionnel qu'un interne de seconde année aborde votre tribune pour son propre compte.
Plus d'un, sans doute, est retenu par la timidité, et puis le
jeune homme qui prend la plume a le désir un peu puéril,
mais assez naturel, de se voir bientôt imprimé. La perspective
d'attendre un rapport longtemps, sinon toujours, détourne de
nous les jeunes écrivains comme les modestes travailleurs de
la province.

Ces considérations n'arrêtèrent point Follin, qui voyait de
loin, comptait sur l'avenir et sentait bien qu'aucun de ses
efforts ne serait perdu. Il vint donc vous lire l'observation curieuse d'une *communication entre l'artère brachiale et les veines
profondes du pli du bras.* Cette variété rare de l'anévrysme artério-veineux avait été signalée déjà par Pouydebat et Voillemier,
mais son histoire laissait beaucoup à désirer. Le fait nouveau,
rapproché des deux autres, permettait à Follin de poser des
conclusions plus précises.

L'opuscule, très-favorablement jugé par la commission, fut
inséré dans vos *Mémoires*, et c'était un honneur insigne.
Michon, dans son rapport, signale explicitement le mé

rite, la sagacité, l'instruction, de son jeune confrère. C'est qu'en effet on est frappé, en lisant les premiers essais de Follin, d'y trouver déjà les qualités foncières qui caractérisent tous ses travaux ultérieurs, et que l'on ne rencontre, de coutume , que dans les productions substantielles de l'âge mûr.

Les années qui suivirent ne furent pas moins fécondes. 1848 était arrivé, la jeunesse était en ébullition, et l'on s'occupait fort de politique, dans les salles de garde autant qu'ailleurs. Follin depuis longtemps accusait les opinions les plus radicales; il salua donc avec enthousiasme le principe républicain ; mais, comme toujours, son inébranlable bon sens le préserva des écarts, des excentricités, des exagérations, en un mot de ce vertige dont plus d'un cerveau médical fut atteint. Il ne fut le lendemain ni plus ni moins démocrate que la veille, et poursuivit sa route, n'ayant de la fièvre endémique d'alors que de courts et rares accès. Il parlait fort librement, mais ne fut chef d'aucun club, ne harangua point la multitude, ne fonda pas le moindre journal, et ne laissa à la postérité aucune profession de foi compromettante ou ridicule. Son penchant réel pour les questions politiques et sociales ne l'empêcha pas de conquérir, à la fin de l'année, la médaille d'or des hôpitaux, récompense très-honorable, mais aussi fructueuse, puisqu'elle donne deux années supplémentaires d'internat. En outre, il contribua puissamment à la fondation d'une nouvelle tribune pour la science française.

Il est une chose bien digne de remarque : les mouvements

révolutionnaires, qui troublent si profondément le repos des cités, sont loin d'être nuisibles au progrès et à la marche des sciences. L'activité et l'exaltation ne se rencontrent pas seulement dans la rue et dans la zone politique, elles gagnent également la sphère scientifique. La révolution française a enfanté des soldats incomparables, mais aussi des savants de premier ordre. 1830 nous a fourni, en même temps que des artistes et des littérateurs d'élite, des médecins qui, pendant trente ans, ont illustré notre Faculté. Le mouvement de 1848, quoique avorté, a momentanément galvanisé la jeunesse et lancé dans le tourbillon scientifique des jeunes hommes qui, sans lui peut-être, auraient paisiblement et sans éclat tracé leur modeste sillon. Tout le monde, à cette époque, voulait faire quelque chose d'utile et sortir de l'ornière en cherchant de nouveau, ne fût-ce que pour dépenser son ardeur.

Au mois de mai 1848, plusieurs médecins et naturalistes, positivistes de nom ou du moins de fait et de tendances, se réunirent pour former une société dans le but d'étudier, avec des vues d'ensemble et par les voies de l'observation et de l'expérimentation, les phénomènes qui se rattachent à la science de la vie, à la biologie, tant normale que pathologique.

Ce n'était pas une société d'anatomie pathologique, ni une société de pathologie. Les fondateurs poursuivaient essentiellement l'étude théorique des êtres organisés à l'état normal. Ils ne partaient pas de la médecine, mais y arrivaient ; laissant, d'ailleurs, au génie de chacun le soin de tirer des études biologiques tout le parti possible pour le perfectionnement de l'art médical.

La composition du bureau était tout un programme : Rayer était président perpétuel; Claude Bernard et Robin, vice-présidents; Lebert, Brown-Séquard, Ségond, secrétaires, avec Follin, qui avait pris une part très-active à l'organisation de la nouvelle société, et qui, pendant plusieurs années, y communiqua des travaux intéressants. J'en citerai quelques-uns :

Dans une note intitulée : *Productions morbides observées sur la muqueuse d'une femme syphilitique* (1849, p. 81), on trouve indiquée, pour la première fois, je crois, une lésion probablement tertiaire de la muqueuse vésicale.

Le choléra sévissait; Follin fait l'examen microscopique du sang et des matières vomies ou rendues par les selles (1848-49), puis la dissection d'un *œil opéré depuis longtemps par extraction*, avec des remarques sur la reproduction du cristallin et la présence de la cholestérine dans la cataracte, etc.

Cette année 1849 est restée gravée dans ma mémoire comme la plus importante peut-être de ma vie ; c'est alors qu'à mon tour je trouvai ma route, et, pour m'y guider, les conseils et les encouragements de Follin et d'un autre ami.

Je venais d'être nommé aide d'anatomie; Follin l'était depuis un an et Broca depuis deux; déjà l'intimité régnait entre eux. *Numero Deus impare gaudet*, dit le vieux proverbe. Je me réunis donc à mes deux prédécesseurs, dont le dernier m'était resté jusqu'alors inconnu.

Je voudrais, messieurs, dans ce qu'on a appelé parfois, sans de graves conséquences et même un peu en se jouant, le *triumvirat*, ne voir que Follin ; je voudrais ne parler que de lui, ou tout au moins n'associer à l'histoire de sa vie que notre ami commun, en m'écartant moi-même de la scène. Mais comment faire? Le faisceau cesse d'exister si on le dénoue, et la formation comme la durée de ce faisceau à la fois physique, intellectuel et moral, est, dans l'existence de Follin, un épisode que ne peut taire un biographe même intéressé. Il sera donc question de moi dans ce qui va suivre, mais je vous supplie de ne m'accuser ni d'amour-propre, ni du vain désir de mettre en vue ma modeste personne.

De cette époque donc date une amitié ininterrompue. Girondin, Normand, Parisien, chacun de nous était le type du pays qui lui avait donné le jour. Nous différions autant par le caractère personnel que par la provenance territoriale, et nous nous ressemblions cependant, et nous rassemblions en vertu d'une grande similitude d'idées générales, d'un accord complet sur les principes et d'une entière communauté de vues sur les questions capitales de la philosophie et de la science.

Nous arrivâmes de la sorte, sans préméditation, sans but déterminé d'avance et, d'ailleurs, sans aucune pensée égoïste, à former une association véritablement fraternelle, ayant pour aimant principal l'indulgente affection, mais plus encore peut-être une sincère estime les uns pour les autres. Nous ne fîmes aucun serment solennel et ne signâmes aucun pacte ; mais tacitement nous nous promettions bien de ne jamais nous quitter, de mettre en commun nos luttes, nos succès, nos revers, de partager nos joies et, s'il le fallait, d'essuyer nos larmes.

Ce nom de *triumvirs* que je rappelais à l'instant, ou encore celui de la *jeune école*, nous les acceptâmes, et je les accepterais encore pour ma part. Quoi de plus naturel, en effet, que cette association? Pendant l'après-midi, nous dirigions nos élèves dans les pavillons de l'École pratique ; mais dès que les salles étaient vides, nous nous réunissions à la même table, maniant le scalpel chacun pour notre compte, faisant de l'enseignement mutuel, et surtout dissertant en manière de distraction : *De omni re scibili et quibusdam aliis.* Quand on est jeune, on songe volontiers aux réformes, et l'on voyage de bon cœur au pays d'Utopie. Tout en grattant prosaïquement des os et en dégraissant des muscles, nous nous disions que tout n'était pas pour le mieux dans notre école et notre enseignement, et nous apercevions la possibilité et la nécessité d'améliorations impérieuses et prochaines.

Nous ne voulions ni blâmer ni dénigrer nos maîtres, mais bien les surpasser, réunissant en nous tous leurs mérites et y ajoutant quelque chose encore. Vous reconnaissez bien là la naïve et noble présomption de la jeunesse.

Aussi nous tracions-nous, à notre propre usage, un programme qui n'a jamais été écrit que dans nos têtes, qui n'a point eu de protocoles, de chapitres, d'articles ni de paragraphes, mais qui, cependant, ne manquait ni de suite, ni de solidité, puisque Follin l'a suivi jusqu'à sa mort, que pour ma part je compte bien ne jamais le répudier, et que la satisfaction nous est donnée de le voir adopté par quelques-uns de nos successeurs, jusqu'au moment où, comme nous en avons l'espoir, il servira de règle générale à la jeunesse studieuse.

Ce programme était à la fois scientifique et moral. Ceux qui ont observé, avec quelque attention, les actes, les œuvres, la vie de Follin, en ont pu deviner l'esprit. Pour les autres, permettez-moi d'en faire un exposé succinct. Rappelez-vous seulement qu'il date de vingt ans, et que nous étions à cet âge où rien de ce qui est grand et juste ne paraît impossible.

Au point de vue scientifique et pratique, nous voulions garder toutes les bonnes traditions de la chirurgie française, dont nos vieux maîtres d'alors nous donnaient l'exemple. Nous voulions donc devenir et rester anatomistes experts comme Blandin et Gerdy ; observateurs rigoureux et sévères, cliniciens savants, comme Velpeau ; opérateurs brillants si nous pouvions, au moins intrépides et inébranlables, comme Lisfranc ; écrivains corrects et clairs comme les Bérard ; sincères et véridiques comme Marjolin et Roux.

Un homme, surtout, était l'objet de notre admiration, et sans avoir jamais été sous ses ordres, nous le considérions comme notre chef immédiat. J'ai nommé Malgaigne. Nous voulions continuer son œuvre et l'imiter dans les brillants côtés de son initiative, c'est-à-dire utiliser comme lui l'histoire de la science et profiter des richesses enfouies dans le passé. Nous aspirions à faire comme il la faisait la critique indépendante, quelquefois inexorable, presque toujours juste ; à employer comme lui le puissant levier de la statistique, et, enfin, à scruter aussi l'issue des opérations chirurgicales.

Ce n'est pas tout encore. Des horizons nouveaux s'ouvraient pour la science, il nous fallait les explorer. Nous résolûmes de suivre Lebert et Robin, qui nous initiaient aux travaux d'outre-Rhin ; Rayer, qui préconisait l'étude de la pathologie comparée ; Bazin, qui revenait à l'ancienne médecine ; Coste, qui vulgarisait l'embryologie et la rendait compréhensible ; Claude Bernard et Brown-Séquard, qui révolutionnaient la physiologie.

Rougissant du reproche d'ignorance cruellement formulé à l'étranger contre les savants français, nous apprîmes les langues étrangères pour lire les originaux, sans attendre la bonne volonté capricieuse des éditeurs et des traducteurs.

En résumé, nous avions pour but d'enrichir la chirurgie en puisant à toutes les sources, en glanant dans tous les champs, en retrouvant les vérités perdues, aussi bien qu'en colportant les vérités nouvelles. Et puis, comme les têtes ardentes ne savent guère s'arrêter en chemin, nous avions encore d'autres velléités de réformes ; car si la science avait ses imperfections, les us et coutumes de l'aristocratie médicale ne nous paraissaient pas irréprochables. Déjà nous avions assisté à divers concours terminés par des nominations peu justes ; on nous avait raconté bien d'autres scandales et signalé maintes déloyautés. Nous étions révoltés des manœuvres indignes employées jadis, par des concurrents sans pudeur, pour gagner des juges sans scrupules. Notre orgueil, si l'on veut, notre conscience, je l'affirme, s'insurgeait à l'idée des précautions, des démarches, des servilités, des complaisances, que l'on disait presque indispensables pour arriver aux grandeurs.

Les humbles positions obtenues jusque-là, nous les avions gagnées sans plier le dos et sans courber le front ; nous résolûmes de persévérer coûte que coûte, et de ne jamais faire à notre avenir le sacrifice de notre fierté. Confiants dans notre force, nous voulions l'essayer, peser le poids des obstacles et mesurer la hauteur des barrières. Nous nous attendions bien à rencontrer des résistances, mais elles ne nous effrayaient guère, et nous nous plaisions, en quelque sorte, à les braver ; car nous disions tout haut, à tout venant et en tous lieux, notre opinion sur les hommes et les choses. Imprudence, irrévérence, témérité, arrogance peut-être, tout, sauf la lâcheté et l'hypocrisie.

Deux d'entre nous, ayant sans doute dans les veines un sang plus chaud, allaient jusqu'au bout, tête baissée, souvent trop loin, j'en conviens volontiers. Sans être ni moins ferme ni moins résolu, Follin était plus réservé, évidemment plus sage ; aussi jouait-il dans le trio le rôle de modérateur. Possédant sur lui-même et sur ses actes un empire absolu, sachant à propos ou parler ou se taire, il unissait la circonspection à la franchise, la finesse à la droiture ; aussi tempérait-il avec l'esprit du Nord l'imagination du Centre et l'emportement du Midi.

Ses conseils étaient écoutés et suivis. Pour assurer, disait-il, le triomphe de notre cause, il faut de la persévérance et une sage lenteur, un travail sans repos, une ardeur contenue et surtout l'union la plus indissoluble. Cette union qui était dans nos cœurs passa facilement dans nos actes. Rien d'important n'était résolu par l'un de nous sans l'avis des deux autres, rien ne pouvait être bon pour celui-ci s'il pouvait nuire à celui-là ; c'était la solidarité la plus parfaite.

L'alliance était offensive et défensive ; nos amis étaient les mêmes, et, à quelques exceptions près, nous avions les mêmes ennemis ; nos sympathies comme nos aversions étaient collectives. Nous attaquions de temps à autre ; plus souvent nous nous défendions *inguibus et rostro*, je l'accorde. Nous n'avons, que je sache, opprimé personne, et nul ne saurait avancer que nous l'avons dénigré sans motifs. Mais nous avions déclaré la guerre aux faux-bonshommes et aux intrigants.

Les grandes positions, Faculté, Académie, étaient bien loin, nous ignorions si tous les trois y trouveraient place ; mais nous savions bien que le premier parvenu tendrait aux autres une main secourable ; l'important était que la brèche fût ouverte. A la Société de chirurgie, Follin passa le premier, Broca vint ensuite ; le contraire eut lieu pour l'Académie de médecine. L'an dernier, une chaire devint vacante à la Faculté : Broca était notre ancien et avait plus de titres, Follin s'effaça et n'eut que la seconde place sur la liste de présentation. De même aurais-je agi pour lui, s'il avait vécu, lors de la dernière vacance, et tout cela se faisait le plus naturellement du monde.

C'est pourquoi nous avons marché sans nous quitter la main, lutté sans nous blesser, combattu sans nous trahir, et qu'après vingt ans de contact journalier, nous n'avions aucun reproche à nous faire.

Pardonnez-moi, messieurs, cette longue digression ; excusez-moi encore une fois d'y avoir mêlé ma personne. En écoutant l'histoire de notre triumvirat, ne songez qu'à Follin, qui en était l'âme et le chef. Si l'épisode a peu d'intérêt pour vous, retenez-en du moins cette pensée chère à mes souvenirs, que les joies les plus pures de l'amitié se mêlent, sans se troubler, aux luttes de la concurrence, quand la fraternité sait se mettre au service du bien public.

Mais revenons à la biographie, je pourrais dire à la bibliographie, car la vie de Follin tout entière, absorbée par le travail, s'écoulait sans incidents notables et ne se révélait que par des indices scientifiques. Il faisait, à l'École pratique, des cours de médecine opératoire et devenait maître dans l'art des mutilations utiles. Il payait toujours tribut aux Sociétés anatomique et biologique. Là, c'était l'examen d'une *main bot palmaire*, d'une *ossification de la faux du cerveau*; ici, un rapport sur une *monstruosité par défaut des extrémités inférieures et de l'avant-bras gauche*, observée par un de ses compatriotes, le docteur Lecadre (du Havre).

L'assiduité et la collaboration aux sociétés savantes élémentaires absorbent d'ordinaire la productivité des jeunes écrivains. Mais Follin déversait encore dans la presse périodique l'excédant de son travail. On trouve dans la GAZETTE DES HÔPITAUX, en 1849, une étude magistrale sur les *végétations des cicatrices et des ulcères*. La clinique y est largement représentée ainsi que l'historique, mais l'histologie surtout y est traitée de main de maître. En 1851, le même recueil renferme la description d'une *variété nouvelle d'hermaphrodisme avec quelques remarques sur la détermination précise du sexe*. Ce travail révèle la notion la plus complète de la science immortalisée par les Geoffroy Saint-Hilaire.

Le MONITEUR DES HÔPITAUX publia, le 20 décembre 1853, une note qui fit grand bruit. Il s'agissait de *deux chancres indurés survenus à trois ans d'intervalle chez le même individu.* Cette observation battait en brèche la doctrine en vertu de laquelle on ne saurait contracter deux fois l'infection syphilitique.

Le chef célèbre de l'hôpital du Midi protesta, et accusa son collègue de jeunesse et d'impéritie. Follin accepta la date de sa naissance et refusa le reproche. Il s'ensuivit une polémique assez vive, dans laquelle l'élève, qui d'ailleurs était dans le vrai, ne se laissa pas battre par le maître et mit les rieurs de son côté. En 1850, Follin commença une série de recherches sur les anomalies de la glande séminale et de ses annexes, il recueillait des observations et des preuves pathologiques, publiait au fur et à mesure les résultats acquis, et, enfin, avec la collaboration du laborieux et savant professeur d'anatomie d'Alfort, M. Armand Goubaux, il éditait, en 1855, un mémoire des plus remarquables sur la *cryptorchidie chez l'homme et les principaux animaux domestiques.*

Toujours en 1850, Follin soutenait sa thèse inaugurale. Il prenait pour sujet *l'étude des corps de Wolff.* C'est le titre modeste d'un travail d'une rare valeur et comme il s'en produit peu dans notre pays.

Tout cela n'empêchait pas la dure préparation des concours supérieurs. Vers le printemps de 1853, Follin était nommé agrégé à la Faculté dans la section de chirurgie. Il composait à cette fin une thèse fort estimée sur les *rétrécissements de l'œsophage*. Une seconde édition en devint bientôt nécessaire.

A quelques semaines de là, après avoir subi au concours du bureau central deux échecs, dont l'un au moins était immérité, il obtint cette place de chirurgien des hôpitaux qui seule donne l'investiture chirurgicale et les moyens d'étude suffisants.

Vous vous rappelez qu'en 1847 Follin avait une première fois gravi votre tribune; il y reparut en 1852, et cette fois sollicita sérieusement vos suffrages. C'était faire preuve à la fois de hardiesse et d'indépendance : de hardiesse, parce qu'il n'était encore que prosecteur de la Faculté et que vous n'acceptiez guère que des chirurgiens d'hôpital ; d'indépendance, parce que, si vous avez bonne souvenance, quelques hommes puissants, alors ennemis et ralliés depuis, entretenaient contre vous une sourde hostilité. Ils savaient mauvais gré à leurs élèves de vouloir entrer dans vos rangs, et les menaçaient même de leur ressentiment.

Follin connaissait ces préventions et le danger qu'elles entraînaient ; pourtant il passa outre, la déférence pour ses protecteurs n'allant pas jusqu'à épouser leurs mesquines rancunes. Devinant que de votre côté étaient la force et le bon droit, il voulut partager vos destinées, incertaines encore.

Vous aviez compris vous-mêmes le prix d'une telle recrue, et vous fîtes sans hésiter l'acquisition du jeune prosecteur.

Il vous apportait, il est vrai, les prémices d'un de ses plus beaux titres, et par l'introduction en France de l'ophthalmos-

cope de Helmholtz rendait à notre chirurgie un des plus signa-
lés services. Cette nomination, aussi utile à la Société qu'à
Follin, également honorable pour les deux, se fit sans provo-
quer d'opposition sérieuse et sans nécessiter ces absurdes visi-
tes de candidature, dont l'usage, il faut l'espérer, ne se natu-
ralisera jamais parmi nous.

Une place à vos côtés n'était pas une sinécure aux yeux de
votre nouveau collègue. Aussi fut-il un de vos membres les
plus actifs. A peine nommé, il soutenait Lebert dans la mémo-
rable discussion sur les *tumeurs fibro-plastiques* et sur la *classi-
fication des tumeurs malignes*. Un autre jour, il s'occupait *du
traitement des varices par les injections de perchlorure de fer*, ou
de l'extraction des corps étrangers articulaires, ou *du varicocèle*,
ou *de la ligature des veines*. A diverses reprises il parla, avec
cette compétence qu'on lui connaissait, des *maladies oculaires*
et, en particulier, de l'*iridectomie*, dont l'appréciation a occupé
plusieurs de vos séances, et puis, comme aucun sujet ne lui
était indifférent, il vous entretenait, en 1859, d'un cas de
tétanos traité sans succès par le curare, et vous montrait, en
1862, un enfant qu'il avait guéri d'un *épispadias complet*, à
l'aide du procédé de M. Nélaton.

J'en passe bien entendu, car la liste serait longue si je rappelais combien de fois Follin est intervenu dans nos débats
avec les ressources inépuisables de son érudition, de son expé-
rience et d'un sens pratique incomparable.

A la fin de 1853, avant la trentième année révolue, Follin
avait conquis toutes les positions que l'on peut occuper à cet

âge. Il pouvait, désormais, mettre à exécution un vaste plan de travail, depuis longtemps conçu, car il avait encore de longs loisirs à peine interrompus par un cours officiel de pathologie externe professé à la Faculté en 1856, par quelques remplacements intérimaires dans les hôpitaux, et par une clientèle qui, cependant, prenait un essor menaçant.

De nos jours, comme en tout temps, deux courants opposés entraînent les hommes de labeur. Les uns, partisans de la division du travail, attaquent des points circonscrits de la science, les fouillent, les cisèlent et en font l'objet de leurs méditations exclusives ; le passé, le présent, le futur, l'abstrait et le concret, la théorie pure et l'application pratique, tout a des desservants passionnés et des interprètes convaincus. Ce sont les *analystes*, j'évite de dire les spécialistes, ce terme impliquant trop souvent des préoccupations étrangères à la science. Érudits et novateurs, praticiens et penseurs, hommes de cabinet, de bibliothèque, d'amphithéâtre ou d'hôpital, forment une cohorte sans discipline, s'avançant à pas inégaux et à rangs rompus pour verser dans le grand creuset des matériaux hétérogènes qui souvent se détruisent et parfois se combinent, mais ne fournissent, en somme, qu'un amalgame sans cohésion et d'un travail ingrat.

Mais il est des esprits supérieurs, à mon sens, à coup sûr plus vastes, qui, portés dans les hautes sphères par des ailes à large envergure, embrassent l'ensemble de la science qu'ils cultivent, saisissent les rapports épars, les condensent en axiomes, en principes, en lois générales, et fournissent, enfin, à

leurs contemporains et à leurs successeurs, un aliment scientifique privé de scories et sainement préparé pour l'assimila-
tion ; ce sont les *encyclopédistes*. Libre à ceux qui parlent de la
synthèse comme le renard des raisins, de décerner, un peu
dédaigneusement, à ces grands hommes, l'épithète de *classi-
ques*, de signaler dans leur œuvre des lacunes des omissions,
des imperfections diverses ; pour moi, je suis saisi d'étonne-
ment et pénétré d'admiration quand je suppute la somme de
travail et d'instruction que dénote un traité complet, comme
le fut celui de Boyer, et comme l'eût été, sans aucun doute,
celui de Follin. Autour de nous, les étrangers, nos rivaux, sont
fiers de leurs recherches patientes, savantes et exactes, consi-
gnées dans des monographies volumineuses ; mettant en re-
gard les livres innombrables qu'ils éditent et les maigres traités
de chirurgie que la France a produits dans ces dernières années, ils nous accusent de stérilité et d'impuissance. Mais
quelle œuvre d'Angleterre, d'Allemagne ou d'Italie eût pu
lutter comme clarté, concision, étendue, solidité, précision
dans les détails, ampleur dans les vues, véracité et justice,
avec celle de notre ami ?

Deux ou trois années peut-être auraient suffi à l'achèvement
d'un livre qui aurait servi de catéchisme chirurgical aux deux
hémisphères, à l'érection d'un monument digne de la chirurgie française, de notre époque et d'un pays qui compte parmi
ses gloires d'avoir enfanté, de siècle en siècle, les plus illustres
législateurs de la chirurgie. L'œuvre sera terminée ; un jeune
chirurgien a eu la noble audace de prêter ses épaules à ce

lourd fardeau. Qu'à l'exemple de Follin, il y mette toutes ses forces et toute son âme, qu'en prenant la barre de ce vaisseau désemparé, il s'inspire de patriotisme et songe bien qu'il tient entre ses mains l'honneur de notre pavillon.

Chose inouïe, l'exécution d'une tâche énorme, capable elle seule de remplir une vie entière, n'absorbait pas tous les moments que Follin consacrait à la science. De temps à autre, il déposait la plume classique pour reprendre le scalpel, les instruments de physique, les réactifs, la physiologie ou la thérapeutique expérimentales, les vieux in-folio ou l'observation au lit des malades. C'est que, tout en poursuivant sa route, il s'arrêtait çà et là pour résoudre quelques difficultés de détail, éclairer quelques points litigieux ou nouveaux de la pratique, satisfaire une insatiable curiosité scientifique ou même simplement défendre la vérité et combattre l'erreur.

Ces intermèdes étaient sa distraction ; mais ils montrent combien son esprit universel était dévoué à la cause du progrès et à l'avancement de notre art. Quelque entreprise utile surgit-elle, Follin l'appuie, l'encourage et mieux encore lui apporte sa collaboration. Deux de nos principaux éditeurs conçoivent un projet grandiose ; ils fondent le DICTIONNAIRE ENCYCLOPÉDIQUE DES SCIENCES MÉDICALES, sous la direction de deux médecins entourés de la considération générale. MM. Raige-Delorme et Dechambre appelèrent à eux des collaborateurs actifs et instruits. Follin, naturellement, est au premier plan. Il accepte ce surcroît de charge, et décrit, dans les premiers volumes, les *plaies de l'abdomen* et *l'amaurose*.

Pour réveiller dans le corps médical et surtout chez les jeunes élèves le goût des études historiques, si utiles et si attrayantes, nous instituons à la Faculté une série de conférences. Follin est encore des nôtres, et toujours il paye de sa personne. Il choisit pour sujet d'un discours chaudement applaudi, l'examen biographique et critique de Guy de Chauliac, le grand chirurgien du xiv\ siècle. Lisez ce morceau, il vous paraîtra sorti de la plume d'un érudit de profession. Supprimiez de l'œuvre de Follin les deux premiers volumes de son traité didactique, oubliez qu'ils renferment la meilleure pathologie chirurgicale générale que nous possédions, ne comptez que les publications isolées, et vous trouverez un bagage que n'ont point su réunir dans le cours d'une longue carrière la plupart de ceux que l'on appelle pompeusement les princes de la science. Nous constatons surtout l'universalité des connaissances, à ce point que l'on retrouve les traces de Follin sur tous les segments du zodiaque chirurgical.

Excellent anatomiste, comme le prouve sa thèse, il laisse nos musées remplis des témoignages de sa dextérité manuelle. Micrographe non moins consommé, il vulgarise l'histologie et lui consacre une large part dans ses premiers travaux. Non-seulement il étudie lui-même ses pièces pathologiques, mais pendant de longues années il examine et décrit les nombreux spécimens de néoplasmes extirpés par ses collègues et ses chefs, Velpeau en particulier, qui en usa largement pour rédiger le Traité des maladies du sein. Il faut savoir le temps que dévorent les examens microscopiques consciencieux pour apprécier le mérite de ce genre de connaissances que dénigraient jadis, tout en le mettant à profit, ceux-là précisément qui s'étaient dispensés d'en faire le pénible apprentissage.

Même aptitude à se servir des instruments de physique qui servent depuis peu à l'exploration des organes profonds. Il ne se contente pas d'importer l'ophthalmoscope, il le perfectionne de façon à rendre son emploi plus sûr, et puis il fait, en collaboration avec M. Janssen, une excursion dans le champ de la physique pure (*Considérations physiologiques sur l'éclairage et l'examen ophthalmoscopique*). On sait ce qu'est devenue la physique de l'œil depuis les travaux d'Helmholtz, de Donders, de Giraud-Teulon et d'autres encore. C'est une science tout entière, malaisée à comprendre et plus encore à exposer. Follin la possède comme un docteur ès sciences, et la traduit en termes clairs dans ses admirables *Leçons sur l'exploration de l'œil et sur les applications de l'ophthalmoscope* (Paris, 1863). Sans ce livre précieux, il aurait fallu dix ans, peut-être plus, aux chirurgiens français pour se mettre au courant de ces importantes nouveautés. J'en puis dire autant du laryngoscope ; à peine Czermak avait quitté nos murs, que Follin mettait déjà le miroir en pratique.

Cette attraction vers les choses nouvelles est un des points saillants du caractère scientifique de notre collègue, et, par une exception rare, elle s'allie chez lui à une tendance conservatrice non moins marquée ; il s'appuyait d'un poids égal sur le passé et sur l'avenir, et mettait simultanément dans les plateaux de la balance le nouveau et l'ancien, le tout au bénéfice du présent, qu'il éclairait, instruisait, conduisait et protégeait contre les entraînements, également funestes, de l'action et de la réaction.

A peine une idée originale était formulée, qu'elle fût théorique ou pratique, qu'elle fût du ressort de la physiologie, de la thérapeutique ou de la médecine opératoire, elle était, sur-le-champ, traduite, examinée, jugée avec ou sans réserve, et si elle était bonne recevait aussitôt l'estampille. C'est que, tout en étant encyclopédiste et analyste, classique et novateur, Follin possédait, à un degré difficile à atteindre, le sens pratique et le sens critique. Pour faciliter l'émission prompte et presque quotidienne de ses verdicts, il s'était fait journaliste ; Non point à la manière de ces écrivains qui, faute de méditations suffisantes et d'informations complètes, effleurent tous les sujets d'une plume agréable mais légère ; mais à la façon de ces juges sévères qui retiennent un dossier jusqu'à parfaite instruction. A la fin de 1852, les Archives générales de médecine terminaient leur quatrième série. Il entre dans la tradition de ce recueil sans rival de conserver en permanence le pouvoir directeur, mais de changer de temps en temps les agents actifs. M. Raige-Delorme garda Valleix, qui vivait encore, et lui adjoignit Lasègue pour la pathologie interne et Follin pour la chirurgie. Depuis deux ans, du reste, ce dernier écrivait dans les Archives, à titre de collaborateur libre.

Dès qu'il fut institué rédacteur officiel, il résolut de ne laisser passer aucun sujet chirurgical de quelque portée sans appréciation et sans jugement. Il accomplit son mandat jus-

qu'au dernier moment, et quiconque voudra bien lire les
ARCHIVES, pendant les quinze dernières années, y trouvera fidè-
lement exposé le mouvement de la chirurgie contemporaine,
aussi bien en France qu'à l'étranger. Ses nombreuses revues
seront d'un secours précieux pour les historiens futurs, et il
serait à désirer que ces petits chefs-d'œuvre de critique fussent
rassemblés en un fascicule séparé, le plus grand nombre
n'ayant pu trouver place dans le TRAITÉ DE CHIRURGIE, auquel
ils auraient donné une forte couleur d'originalité.

Permettez-moi de rappeler quelques-uns de ces articles sub-
stantiels.

De 1853 à 1867, Follin traite successivement : de la cure
des anévrysmes par la compression mécanique et digitale et
par les injections à la manière de Pravaz; — de l'anesthésie
locale avec les réfrigérants et l'acide carbonique et de l'anesthésie générale, dont il examine les dangers; — de l'uréthro-
tomie périnéale de Syme. au point de vue historique et pratique; — des tumeurs malignes et du traitement local du cancer; — de l'état de la pathologie utérine en Angleterre, des
fistules vésico-vaginales et du procédé américain; — de la ré-
section des grandes articulations; — de l'examen des nouvelles
doctrines sur la syphilis, de la querelle interminable entre les
partisans et les ennemis du mercure dans la syphilis; — enfin, dans plus de vingt passages il est question de la chirurgie
oculaire, etc., etc.

Quoique dans ces dernières années Follin eût définitivement
planté sa tente sur le terrain de l'enseignement et de la pra-

tique, il n'oubliait pas pour cela les autres chapitres de son programme primitif. Il y avait placé la pathologie comparée et la physiologie expérimentale, aussi ne les perd-il jamais de vue. A son travail sur les *hématozoaires du genre Cervus*, publié en 1850, succède la description des *kystes épithéliaux chez le bœuf*, puis la *cryptorchidie chez les animaux domestiques*, 1855 ; enfin, l'histoire de cette singulière maladie du cheval connue sous le nom de *maladie du coït*. De même, pour l'expérimentation. En 1849, il avait fait avec Lebert et sur *l'inoculabilité du cancer* des expériences interrompues malheureusement et oubliées, mais qui regagnent actuellement tout l'intérêt qu'elles méritent. En 1856, il intervient dans la discussion sur la ligature de l'œsophage ; puis, à propos de chaque agent énergique et nouveau, il interroge encore les animaux, et recherche sur eux comment agit le curare ou la fève de Calabar. On est stupéfait d'une telle activité en songeant surtout qu'elle s'est manifestée dans le court espace de vingt ans, sur lequel il a fallu prélever les non-valeurs scientifiques des concours et de la pratique hospitalière ou privée.

En vertu de cette prévoyance, que déjà j'ai mise en relief, Follin, dès l'année 1849, avait lu à l'Académie de médecine une note sur la *pénétration des matières colorantes dans les ganglions lymphatiques à la suite du tatouage*. Il y démontrait que les particules solides, résistantes, insolubles, pouvaient s'introduire par effraction dans nos tissus, contrairement à la croyance vulgaire, qui faisait de la solubilité la condition *sine quâ non* de l'absorption.

En 1850, nouvelle lecture sur un cas rare *d'ectopie du cœur observé sur le vivant*. Les questions les plus controversées de la physiologie du cœur y sont examinées. Tels furent les germes d'une candidature dont, faute de vacances, l'incubation fut longue. Mais, dans ces dernières années, l'Académie ayant, comme notre Société, subi des pertes nombreuses, une place se préparait naturellement pour Follin. Il assura le succès par une dernière communication sur la *laryngotomie thyro-hyoïdienne* conçue par Malgaigne, et que seul un praticien obscur avait pratiquée dans un coin reculé du globe.

Ce fut, hélas! la dernière victoire de notre pauvre ami. Il ne siéga qu'un seul jour et ne reparut pas, la maladie l'ayant saisi pour ne plus le quitter.

Deux fois Follin avait été porté le premier sur la liste que dresse la Faculté pour la Légion d'honneur; deux fois d'autres choix avaient prévalu. Cette distinction lui vint au mois d'août 1866. Il l'avait bien gagnée.

La carrière scientifique de Follin, telle que je viens de l'esquisser, semble n'avoir été qu'une suite de satisfactions, une série de triomphes en apparence aisément obtenus, mais qui, en réalité, furent achetés par un labeur inouï et un continuel sacrifice du repos au devoir. Sans doute, il n'a lutté ni contre de puissantes inimitiés, ni contre de ténébreuses trahisons. Sans doute, il a trouvé partout sympathie, aide et soutien; mais qui donc le méritait plus que lui, et quand donc se montra-t-il inférieur à la position qu'il occupait?

On a si peu l'habitude de voir les hommes parvenir avec

leurs propres forces et par des moyens exclusivement honnêtes, qu'en constatant le succès on soupçonne toujours quelque maléfice secret et quelques menées souterraines. Pour discréditer une ascension aussi rapide, les envieux et les impuissants ont dit de Follin qu'il était *habile*. Si riche qu'elle soit, notre langue a de singulières ambiguïtés, car l'adjectif en question sert tout aussi souvent à stigmatiser un adroit coquin qu'à désigner l'honnête homme expert en son métier.

J'accepte l'épithète pour mon ami, si l'habileté consiste à ne faire jamais ni fautes, ni sottises, ni fausse enquête, ni buisson creux ; à prendre uniquement pour guides des principes droits, simples et sûrs ; à préférer le vrai au faux, le juste à l'inique, la franchise à l'astuce. la gloire au gain et la raison à la folie ; à savoir, enfin, que mieux vaut la vertu qui rend l'âme sereine que le vice qui la dégrade. Habileté devient alors le synonyme de bon sens. S'il en est ainsi. Follin fut toute sa vie un habile homme. Il le fut dans sa jeunesse, en faisant des études universitaires si complètes qu'il en garda un style correct et une connaissance parfaite des langues mortes et de la sienne. Il le fut comme étudiant, en passant tous ses examens de doctorat avec les notes les plus flatteuses, car de cette façon il attirait inévitablement sur lui l'attention bienveillante des examinateurs. Il le fut en choisissant ses maîtres parmi les meilleurs et les plus influents : Richet, Velpeau, Marjolin, Rayer, Jobert, parce qu'en se montrant à eux tel qu'il était il était sûr de gagner leur estime et de s'en faire dans la suite autant de protecteurs. Il le fut en se montrant difficile dans le choix de ses amis, en écartant de son commerce intime tout individu de probité douteuse, en groupant plus tard autour de lui des élèves distingués qui l'aimaient comme un père et qui recherchaient avec empressement son patronage et ses conseils, enfin en soignant, à l'hôpital aussi bien que dans la ville, ses malades avec dévouement, douceur et sollicitude.

Lors de la création des cours complémentaires à la Faculté, il avait été chargé d'enseigner l'ophthalmologie, sujet favori de ses études. Il savait à fond le sujet, et acquit bientôt dans cette branche une notoriété glorieuse et fructueuse ; mais il ne voulait point du titre de spécialiste. Dès lors. après avoir solidement fondé cet enseignement, n'était-il pas habile de s'en démettre pour conserver son rang dans la chirurgie générale?

Si l'on incrimine des actes aussi sages et marqués au coin d'un tact aussi exquis. autant faut-il blâmer Follin d'être né intelligent et laborieux. d'avoir reçu les soins d'une mère dévouée et pris pour compagne une femme accomplie, riche de tous les dons : esprit et cœur, grâce et fortune.

D'autres ont dit, car je ne veux rien cacher, que Follin aimait le gain et ne pratiquait pas le désintéressement. Ici encore il faut préciser la valeur des termes. Le désintéressement, tout noble qu'il est en soi, se traduit de diverses manières, et dans notre profession même il dissimule d'autres sentiments beaucoup moins avouables. Celui-ci soigne gratis ou pour peu de chose les coryphées de la science ou des lettres, espérant les mettre à contribution plus tard. C'est le désintéressement intéressé ou ambitieux. Certains scrutins. d'une part, les feuilles politiques de l'autre, nous apprennent en quelle monnaie la reconnaissance s'acquitte.

Celui-là prend moins cher que ses confrères, non pour diminuer la charge du client mais pour l'accaparer, c'est le désintéressement rapace. Quelques pauvres diables font la médecine au rabais pour gagner leur maigre pitance, c'est le désintéressement nécessiteux.

De ces variétés, Follin dédaignait les unes et méprisait les autres. Ne voulant pas se laisser déborder par la clientèle et faisant une large part à l'étude, il voulait rendre fructueux le reste de son temps. Le chirurgien qui à l'hôpital consacre au soulagement de cent malheureux tout le commencement de la journée et qui prélève encore d'autres heures pour l'enseignement ou les travaux scientifiques, a bien payé sa dette à l'humanité, et il me semble injuste de lui reprocher les bénéfices, d'ailleurs incertains, qu'il peut faire dans les courts moments qui lui restent.

D'ailleurs, j'ai vu plus d'une fois Follin au chevet de gens peu fortunés, et je puis affirmer que la question d'argent le préoccupait médiocrement. Ses anciens clients, et j'en connais plusieurs, ne m'ont jamais parlé de cette prétendue cupidité. Mais, dira-t-on, qui éditait ces bruits malveillants? Follin avait-il donc des ennemis? Eh! mon Dieu, oui. La raison en est simple. Si en suivant les droits sentiers on ne rencontrait ni sots, ni envieux, ni flatteurs, ni imposteurs, ni intrigants, ni charlatans; si l'on ne coudoyait ni ambitions démesurées, ni vanités insupportables, on pourrait ne blesser personne. Mais quand on rencontre sous ses pieds ces spécimens de l'infirmité humaine on marche dessus et ils crient. Celui-là seul n'aura pas d'ennemis qui prêtera complaisamment son oreille aux menteurs, qui feindra d'admirer les imbéciles, et dont la vie ne sera qu'une continuelle diplomatie ou une longue méditation sur la platitude des hommes.

En revanche, Follin avait beaucoup d'amis, et je dis des meilleurs. J'en trouve la preuve dans les regrets universels que sa mort a suscités et dans les larmes versées sur son cercueil. C'est qu'en vérité plus j'y regarde, plus il me paraît difficile de découvrir un défaut, une tache, dans le caractère ou la vie de notre cher collègue. Pourtant, je vous le jure, si j'avais aperçu une ombre dans cette lumière je l'aurais signalée, car la perfection est chose rare, et quelques traits manqués ne dénaturent point un beau visage.

Follin était réservé, un peu froid peut-être au premier abord; il ne se livrait pas à tout venant et ne cédait que rarement aux élans de la jeunesse. Ceux qui ne l'ont point approché ne sauraient juger ni la profondeur et l'étendue de son intelligence, ni l'élévation de son cœur.

Il faut avoir vécu dans son intimité pour savoir combien il était bon, charitable, affectueux, dévoué, bienveillant, loyal et franc, sincère et juste. Ses qualités intimes brillaient de tout leur éclat au foyer domestique, et dans le cercle étroit de ses amitiés.

Académies et Faculté, science et profession, élèves et amis, pour tous la perte est cruelle, je dirais presque irréparable.

Permettez-moi de répéter ici ce que naguère j'ai dit sur le bord de sa tombe : Après avoir payé à cette chère mémoire un large tribut de regrets, on pourrait penser qu'après tout la science est un arbre vigoureux, qui, trouvant dans notre patrie un sol fécond, remplacera sans peine la branche brisée par une autre branche aussi robuste. Ce serait une erreur. Les hommes de cette trempe sont rares dans tous les pays et dans tous les temps. Plusieurs générations peuvent passer sans en produire de pareils. Les connaissances humaines sont, d'ailleurs, si multiples, qu'il n'est accordé à chaque profession qu'une part restreinte dans la répartition des grandes intelligences.

Dans l'amphithéâtre de la science, les bancs sont inégalement remplis : au bas, la foule est compacte, et quoique dans un total toute unité qui disparaît amène un déficit certain, s'il s'y produit un vide il est bientôt comblé ; mais au sommet quelques individualités puissantes sont assises, largement espacées ; si l'une d'elles s'éteint, la couronne perd un de ses fleurons.

Oui, la perte est irréparable quand l'herbe est fauchée avant que le grain soit mûr, et je ne puis croire que notre belle science n'aurait point souffert si Ambroise Paré, J. L. Petit, Boyer et tant d'autres illustres vieillards avaient disparu à l'âge même où Follin a quitté la terre.

Paris. — Imprimerie de E. MARTINET, rue Mignon, 2.

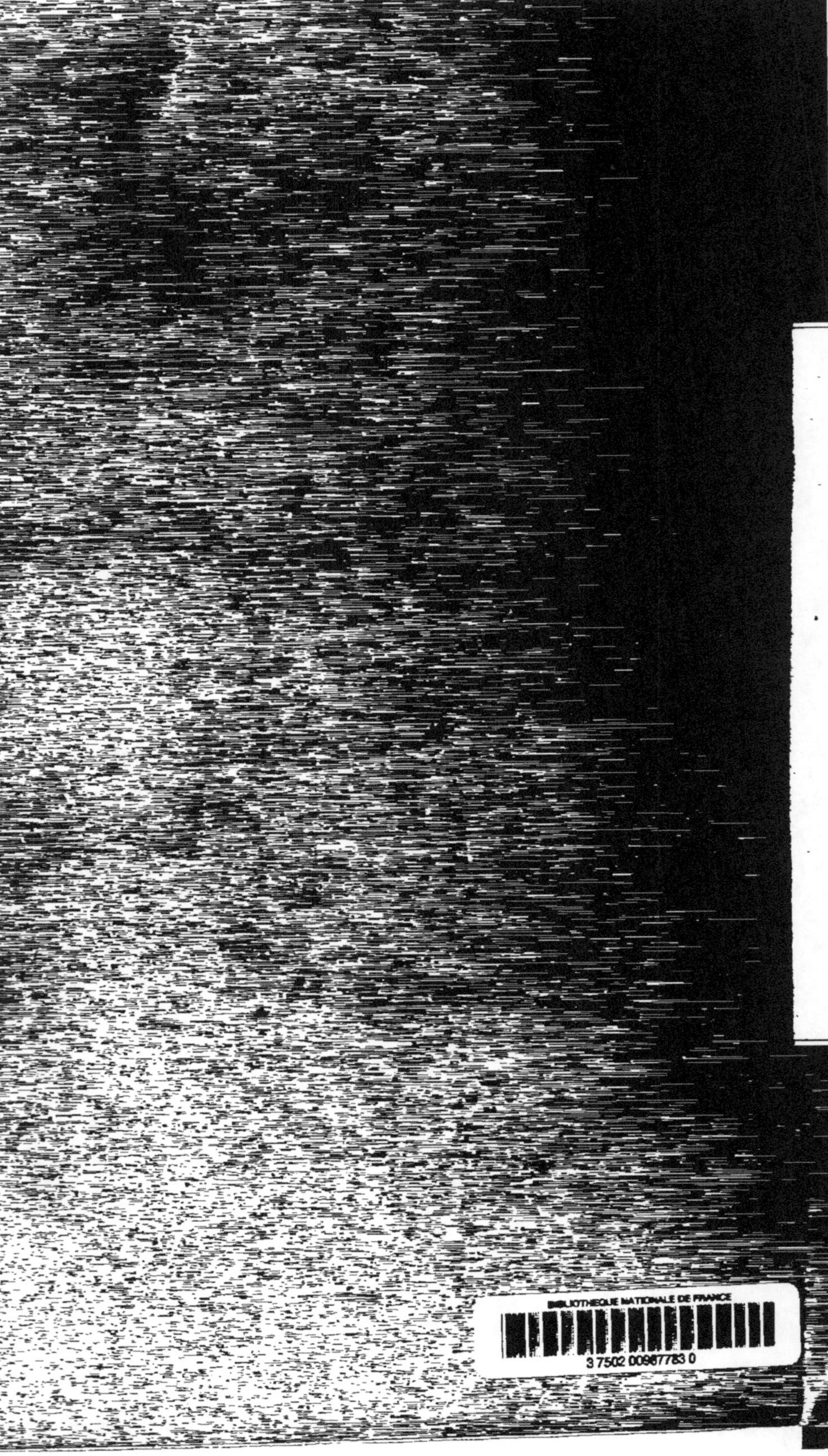